나는 이제야 봄으로 물든다

명인아 시집

상상인 시인선 021

나는 이제야 봄으로 물든다

* 저자의 의도에 따라 작품의 보조 동사와 합성 명사는 띄어쓰기가 달라질 수 있습니다.

* 본문 페이지에서 한 연이 첫 번째 행에서 시작될 때에는 〈 표기를 합니다.

시인의 말

내년에 피울 꽃을
나무는 벌써 품었다

점, 점이 모여
선으로 이어진다

고운 자국이 되길,

2022년 가을
명인아

■ 차 례

1부

벚꽃마디	19
봄으로 물들어	20
그늘로 지은 집	22
홍등을 드는 밤	23
아직 못다 한 길	24
등대가 있는 풍경	25
석화가 가득 피었습니다	26
화담	28
대나무 사주	30
어린 연록의 날	31
가을이 내리는 아침	32
그리움의 때	33
3월이 숨겨 둔 꽃	34

2부

분재	39
수선화의 반향	40
따듯한 인사	42
토끼풀을 엮었지	44
목련을 읽다	46
여기 향기를 두고	47
한 다발의 진노랑	48
짧은 소설	50
출렁거리는 섬	52
아파트 오독	53
오월을 펼치다	54
무화과 두 알	55
워매 어쨰야 쓰까	56

3부

봄에는 동천이 거꾸로 흐른다　　61
부풀어지는 한낮　　62
뒤뜰이 없다　　63
산마을 밥상을 받아보았나요　　64
연심의 장르, 손톱　　66
우리들의 씨방　　67
지금은 타고 넘는 시기　　68
노을이 붉으면 태풍이 온다　　69
치르는 생　　70
나무가 걸어온다　　72
업사이클링 정원　　74
공기악수　　75
꽃밥　　76

4부

하늘 처마	81
12월에 이르면	82
한 움큼의 구원	83
종이 세상 1	84
종이 세상 2	85
종이 세상 3	86
사모	87
시 쓰는 언니	88
누가 푸름을 불러	89
하화도	90
탁발하는 씨	91
우리라는 중심	92

해설 _ 그늘과 연민의 시학　　　　　　　　　95
신상조(문학평론가)

1부

못다 이룬
마디가 피어나도록

벚꽃마디

꽃 가는 길에
계절 우는 소리

탯줄 따라 자궁 속으로
꽃망울 다시 들어가니
우주가 따라 들어오네

모래알 하나에도
내 몸이 담기네

못다 이룬
마디가 피어나도록

봄으로 물들어

꼼지락거리는 봄의 태동을 느끼며
거리로 나섰다
틈 시린 바람에 봄물이 숨어 있다
메마른 가지에 내려앉는 눈
손짓 한 번으로 비가 된다
나는 바람의 냄새를 맡는다

바다 너머에서 전해 오는 소식은
항상 모자랐다
결혼 후 일주일 만에 바다로 떠난 신랑은
일 년 동안 새색시를 그리워하는 힘으로
파도와 싸우며 마구로'를 잡았다
꽃의 시간은 바다를 흘러가게 하고
우리도 바다와 함께 흘렀다
얼굴조차 기억이 나지 않을 때
먼 느낌 속을 꽃향기가 동행한다

별이 잠든 시간
낮달이 밝다
세월의 흔적이 묻어 있는 얼굴

가까이서 웃고 있다
깊은 주름 사이를 들여다본다
매화나무 가지에서 기억의
꽃향기 피어나고
나는 이제야 봄으로 물든다

* 마구로 : 참치.

그늘로 지은 집

닿는 것이 좋았습니다
포용해주는 넓은 품
흔들리지 않는 고요함이 있습니다

이별을 잉태한 만남은
웅강*을 흐르는 그림자
보이지 않는다고 없는 것이 아니었습니다

이제 시작하려는
용암 가득한 분화구
또 다른 인연이 분출을 유도합니다

슬픈 눈물 웃음 속에 감추고
무심한 표정 짓는데
그래도 좋다고
끄덕인 날들이었습니다

뜨거웠던 인연이
제자리로 고요히 돌아갑니다

* 웅강 : '그늘' 방언.

홍등을 드는 밤

이슬 안고 잠든 새벽바람
감나무 잎에 머물 때
감꽃은 바람의 향기를 몸속 깊이 품는다

수분수 선사환 감나무가
바람을 통해 꽃가루를 보낼 때도
감나무는 조용히 받아들였다
붉은 햇살도 받고
잿빛 하늘 아래서
소낙비와 뒤엉켜 있을 때도
감은 홍등을 밝히며
조용히 비바람을 맞고 있다

깊어가는 가을에 앉아
내가 지날 가을을 세어 본다
몇 개나 될까
떨어진 가을과 남아 있는 가을을
바람이 흔들고 있다
마음의 발자국이 소리를 낸다

아직 못다 한 길

길 속엔 이루지 못한
꿈이 있어 슬프다

하늘엔 새의 길
바다엔 물고기의 길
미래엔 꿈의 길이 기다린다

제 하늘길 찾아가지 못한
새들의 울음소리가
처량하게 들리는 날
비가 내린다

사랑하는 이의 길 따라가지 못한
나의 아픔도
빗방울 되어 떨어진다

한 방울 두 방울
빗방울 모여
내 안에 길을 낸다
푸르스름한 잉크빛 길이 생긴다

등대가 있는 풍경

혼자 살아온 세월보다
같이 살아온 세월이 더 길다 보니
보지 않아도 선명한 얼굴

하루하루가 수채화 같은 삶
인생의 가을 길로 접어든 황혼에
붉은 단풍으로 물들 수 있는 건
당신의 미소가 따뜻했기 때문이다

억겁의 시간을 지나
또 다른 삶으로 온다 해도
여린 삶 서로 안고 기대며
절망을 다듬어
서로의 동그라미가 될 것이다

가장 환한 불을 가슴에 품고 있는 당신
나에겐 등대가 되어
어둠을 뚫고 나가게 하는 빛이다

석화가 가득 피었습니다

돌 속에서 피어나는 꽃

갯벌 속 굴뚝에서
밥 냄새 풍긴다
바지락, 낙지, 게…
바라볼수록 침이 고인다

소쿠리 한가득 바다를 담아
밥상 위에 올려놓던 할머니
불을 때고 남겨진 잔불 위에
석화를 올려
바다가 피운 꽃을
한입 가득 넣어주셨다

혀끝에 감기는 갯향기가
저녁 그림 속에서
바알간 돌꽃으로 피어난다

식탁에 놓인 바다 한 다발

할머니가 건네준 유년의 돌꽃을 그리워하다
침을 삼킨다

화담
― 담양호 시화전

누구나 서로에게 풍경이 된다
어떤 시인은 여행의 이야기를
또 다른 시인은 고향 이야기를
나는 꽃 이야기를
순간의 사람들로 긴 이야기를 엮어서
돌고 돌아 담양호는
맑아지고 있다

바람이 없으니 나무도 조용하고
바람이 조용하니 강물도 고요하고
강물이 고요하니 내 마음이 일어선다

지금 있는 곳은 어디이며
지금 내 앞에 선 사람은 어떤 인연인지
생의 행간에서 나를 돌아보고
내가 어디에서 무엇을 하는지 생각한다
단풍에서 낙엽으로 가는
고즈넉한 길목
담양호 십 리 둘레길을 걷는다
〈

호수 위에 내가 걸려 있다
수행자의 길이 강물 깊숙한 곳으로 뻗어 있다

대나무 사주

없는 길을 찾아
눈도, 발도 없이 본능 하나로 땅속 30리를 간다

무간의 블랙홀 속에서 대나무가 생존의 실마리를 푼다
실낱같은 희망만 있다면 그곳이 어디든 손 내밀어
제 자리를 마련한다

함부로 남의 영역도 침범한다
공자나 노자는 이미 없고
지조와 절개, 사군자의 가면을 쓴 얼굴만
모양을 바꾸며 태양을 홀린다

대나무는 운명을 개척하는 용자
하루 사이에 불쑥 자라나 어른의 모습을 하고
자신의 사주를 만들어
낯선 장소 힘겨운 투쟁에서 반드시 살아남는다

어린 연록의 날
— 녹차를 마시며

차 한 잔 속에는
산
바다
하늘, 그리고
내 아버지의 말씀이 담겨 있다

어두운 터널에서 빛을 찾을 때
아버지의 산 같은 마음
그때의 눈빛을 기억한다

세상에서
가장 쉬운 건 포기하는 것
이기는 것보다 지지 않는 것이
더 소중하다 하시던
깊고 푸른 마음이 만져진다

산이 녹아 있는 연록의 물빛

기다림을 마시며
덜 자란 생각을 비운다

가을이 내리는 아침

안개가 가을비 되어 내린다
그이가 보내 준 아침 편지를
커피 한 잔의 여유와 함께한다

봄날의 첫사랑
생각만으로도 얼굴 붉게 하여
온몸을 봄꽃으로 물들이더니
여름을 피워내 가슴 뛰도록
그리 덥게 하였나 보다

이 가을 아침
차분히 내리는 빗소리
딱 그랬을 것 같은
어느 소년이 보내 준 음악 편지가
창을 적신다

바래진 추억의
향이 짙다

그리움의 때

지봉로 아파트 옆길에
꽃무릇길이 생겼다

꽃이 지고 나서야 잎이 올라오는 상사화
견우와 직녀의 오작교가 하늘뿐만 아니라
땅에서도 필요한데
꽃무릇길이 지난 그리움을 건너는
오작교가 된다

덤덤함도 심으면
그리움으로 자란다

시절을 지난 짝사랑이
길가에 화려하게 피더니

상사화 시들고
꽃무릇이 피었나 보다

3월이 숨겨 둔 꽃

겨우내 숨어 있던 바람이
아무 때나 불쑥거리며
매화나무를 긁는다
긁힌 자국에서 뾰루지가 난다

아파트 입구에
장날 빼곤 항상 자리하고 있는
뻥튀기 아저씨 기계 앞에
줄지어 서서 기다리는
쌀 보리 떡국 옥수수를 담은 통
모양새는 다르지만
변신을 꿈꾸며
뜨거운 불 속에 몸을 맡긴다

크게 부풀려지자
마른 매화 가지가
뻥~뻥 하고 꽃을 터트린다

2부

떨어지고서야 읽을 수 있는 그리움
　　익어서 몸을 던진 꽃잎이었다

분재

앉은뱅이 자세로 하늘을 본다

수십 년을 살아오며
옭아매고 묶여진 팔다리
운명으로 받아들이느라
하늘에 이르지 못했다

덧대면 더 덧나는 상처
매듭 매듭마다
흑두루미 앉아
곱디고운 날갯짓한다

순천만 정원의 소나무 한그루
보는 이마다 낮은 자세를 가르친다

더 자세히 보기 위해
무릎 꿇는다

수선화의 반항

베란다에 열린 꽃 잔치
제라늄, 난, 서향…
꽃들이 작은 몸짓으로
밤의 이불 속으로 들어간다

아침이 되면 어제보다 더 큰 얼굴로 반기는
노란 튤립

태양을 향해 창밖으로 얼굴을 내민 수선화
고개를 반대 방향으로 휙 돌려
나만 바라보게 했더니
기어이 고개를 숙여 버렸다

말 없는 반항이다

사랑은 내가 좋은 것을 주는 것이 아니라
상대방이 좋아하는 것을 주는 것이라고 했지
다시, 수선화의 얼굴을
해를 향해 돌려주었다
〈

꽃들은 나보다 더 일찍
세상으로 가는 순리를 알고 있었다

따듯한 인사

땅속 깊이 두더지 길이 나 있고
고구마는 사라지고 없다

남은 고구마를 캔다

씨 뿌려 놓으면 새가 와서 먹고
열매 맺으면 또 와서 먹고
일주일에 한 번 오는 주인이 객이다
오늘도 손님이 왔다며 멀찍이 바라보다
그들의 밭을 뒤적인다

벌레들이 마음 놓고
배춧잎, 청경채를 먹다가
남긴 흔적이
생선 가시처럼 앙상하다

매화나무는 벌써 꽃눈을 내고
포도는 잎을 다 떨궈 버렸다
냉이는 초록 잎을 내밀었고
감나무는 까치밥 하나 남겼다

〈
나는 그들의 텃밭에 이방인이 되어
주는 것 없이 가져가는 것이 미안해
자주 가는 걸음이 거름이 되라고
종종 발자국을 찍는다

토끼풀을 엮었지

클로버는 토끼풀
세 잎의 행복을 엮어
깡충거리며 손목에 걸었지

지천에 핀 행복을 발로 밟으며
찾으려 한 행운

틀린 것이 아닌 행복과
다름의 이름인 행운
행복이든 행운이든 그저
토끼풀

탕 탕 탕
총알이 머리 위로 스쳤을 때
클로버 네 잎을 발견한
나폴레옹의 행운 때문에

수없이 피고 지는 토끼풀 사이에서
변형의 행운을 기대하며
네잎클로버를 찾아다니는

나를

기대감으로 엮었지

목련을 읽다

전라의 육신이 부끄러워 입은
하얀 꽃잎

문득 스쳐 지나가는
유리창에 비친 모습
너무 밋밋해
꽃잎 한가운데 점을 찍는다

엄동설한의 바람을 피해
하늘이 숨어드는 작은 집
삐죽이 문 열어
계절을 걸쳐 놓는다

떨어지고서야 읽을 수 있는
그리움
익어서 몸을 던진 꽃잎이었다

여기 향기를 두고

천상에서
죄를 짓거나 업을 닦으려 할 때
인간 세상으로 보낸다고 한다
사바세계의 번뇌 속에서 업을 다 하고
다시 천상으로 돌아갈 때
가지고 가는 것은 무엇일까

향기로운 꽃향기
가족들의 웃음소리
향긋한 커피 한 잔의 기억
상큼한 바람의 느낌
사랑하는 사람의 마음

그런 것들

한없이 짊어지고 가다 보면
버리지 못한 게 무거워
인간 세상으로 다시
죄가 되돌아올 수 있을까

한 다발의 진노랑

쑥갓이 씨를 생산하느라
입덧을 하니
밥상에 오르지 못한 쑥갓
더 귀한 몸이 되었다

지나가는 바람이 살짝 건드려보고
동네 사는 새가 입을 맞추고
놀러 온 조각구름도 들여다본다

반드시 아는 것만이 좋은 게 아냐
가끔은 다른 길도 좋을 수 있어
다독이고 안아 준다

주인의 손길을 받지 못한 쑥갓
진노랑 꽃으로 유혹하고
입덧하는 쑥갓이 차지한 텃밭은
꽃밭이 되었다

새댁 여기서 뭐 하는가?
동네 할머니가 뒷짐을 지고 묻는데

쑥갓의 볼이 부어오른다

그날 저녁
한껏 치장한 쑥갓은
비행기 타고 온 크리스털컵 위에
우아하게 앉아 꽃이 되었다

짧은 소설
— 순천 오일장

펼쳐둔 채소 앞에 앉아
무심한 듯 꾸준히 한평생을 살아온
나물 파는 할머니
손은 거북이 등
얼굴 깊게 파인 주름이
살아온 길을 내보이고 있다

자연의 이치도
세월이 흐르면 눈앞에 당겨 앉고
눈빛만으로도 입속의 말을 알 수 있는데
삶의 시간이 쉼 없이 지나간 지금을
왜 더 알 수 없는지

비를 동반한 가을바람이
할머니의 초조한 마음을 넘긴다

'내가 차가 없어서 가지고 갈 수가 없어
떨이로 싸게 줄 테니 제발 가져가시게'

무겁게 들고 온 할머니의 채소가

우리 집 밥상 위에 올려졌으니
할머니의 마음만은 조금 가벼워졌길

출렁거리는 섬
― 장도

 썰물이 되면 바닷물이 빠져 섬으로 가는 길이 나온다 물을 가로질러 육지와 연결된 돌다리, 어릴 적 그리움 찾아 발길 재촉하는데 물 빠진 갯벌에 바지락이 먼저 반긴다

 바위 틈새엔 고동 군락지도 있다 일찍 세상을 떠난 남편 대신 귀하게 여겨 주던 마을 건너 살던 님, 아들 하나 딸 하나 낳았건만 머리 뜯기고 아들 뺏기고 겨우 딸 하나 건진 소영댁, 소영댁이 살던 곳에도 흔했던 고동과 바지락

 밀물이 오면 돌다리는 물에 잠기고 바다가 되는 풍성했던 장도, 이제는 민둥머리가 되었다 예술의 섬을 만들겠다고 산을 깎고 길을 만들고 인공으로 나무를 심어 놓고 꼬마불이 반짝이고 조각상도 갖다 놓았다

 가끔 피아노 소리도 울리고 합창 소리도 들리고 강연도 하며 사람들을 부르건만 소영댁과 고동과 바지락을 잃은 장도는 잊혀진 섬이 되었다

아파트 오독

허리 구부러진 할머니
검은 봉지를 주렁주렁 들고
택시를 탄다
기사 양반
니미씨벌 아파트로 가 주시오
할머니가 내민 봉투에는
리벤시빌 아파트라고 적혀 있다

모습이 고운 할머니 한 분이 손을 든다
바쁘게 자리에 앉은 할머니
기사 양반
불이 난 아파트로 빨리 갑시다
할머니는 블루빌 아파트에서 내린다

반세기 만에 변한 세상
할머니는
자식들 사는 아파트 찾기가 어렵기만 하다
다시는 가고 싶지 않아
대문 밖 골목을 오래 쳐다본다

오월을 펼치다

짓이겨 피어 오른 구름
아픔의 인내
하늘은 보랏빛 슬픔에
눈물을 감춘다

허영에 부푼 봄의 꿈
자만하다 못해
터질 듯 터질 듯하게
노랑 속에 잠들고

덩굴장미는 수레바퀴를
타고 오르지만
황금마차는 하늘을 달리지 못한다
절망을 삭이는
눈부신 빨강

기대로 기울어진
오월을 타고
솟아오르는 초록에
한껏 물이 올랐다

무화과 두 알

 버려진 땅에 과일나무를 심었다 땅을 다독이는 발자국 소리를 듣고 자란다는 나무와 대화한다 날마다 찾아가서 햇빛과 구름의 안부를 건넸다 친환경 퇴비와 손으로 잡초를 뽑아주며 아프지 말라고 속삭였다

 첫 열매가 열렸다 찾아갈 때마다 그간의 대답으로 잘 익은 무화과를 두 알씩 준다
 손그늘에 햇살이 번진다
 싱그러움을 건네받은 내 입가에
 달콤함이 번진다

워매 어째야 쓰까

워매, 큰일 나부렀소
허리에 불이 붙어서
배꼽 주위로 난리가 나부렀당께요
봄꽃이 사람 맴에 불을 질러 놓드만
지도 꽃인 줄 알고 사람 맴에 불 질르고 싶었는갑소
30분도 안 되어서 여기저기 돌아댕김서
뻥 둘러서 불 속에 집어 넣뿌렇다요
지옥이 따로 없었어라
그기 바로 불지옥이지
어째서 밤에 그르케 큰일이 나나 모르겄소
집 잃고 직장 잃은 사람들 어찌케 하라고
불구덩 피해 겨우 몸만 피해 나왔는디
담날 가보니 아무것도 없이 모다 불타부렀다요
우는 모습 보니께
나도 맴이 많이 이팠어라
다씨는 그른 일이 없었으믄 좋겄소
워매 워매 큰불 나뿌렀소

3부

서로의 바닥을 나누면
차가운 무관심이
녹아서 흐른다

봄에는 동천이 거꾸로 흐른다

벚꽃 터지는 소리가 흐드러지면
동천에서는 강물이 거꾸로 흐른다

징검돌을 타고 넘으며 조잘대던 수다
물속에 그대로 잠겨 버린다

흘러가는 물결이 어느 순간 잦아드는 건
거꾸로 흐른 자리를 돌아보기 위해서일까

동면에서 일어난 개구리울음과
잎을 틔우는 연록의 수양버들은 알고 있다
강의 물음에 답은 없다는 것을

봄맞이 나온 성급한 여인의 옷깃을
노란 개나리가 툭 건드리는 봄
동천이 내 뒷모습을 길게 따라온다

부풀어지는 한낮

할머니의 울부짖음이 복어탕 그릇을 엎었고 이제 막 새색시가 된 수줍음 많은 숙모의 어깨가 위아래로 흔들렸다 엄마의 우는 모습이 낯설었던 날, 자리를 같이했던 삼촌들이 가슴을 치고 어쩌나 어쩌나

햇살 따스한 한낮이었다 새색시 배 속에 앉아 있었던 사촌 동생은 아버지의 얼굴도 모르는 채 태어나야 했고 눈물로 갓난아이를 씻어 주던 숙모도 이제는 삼촌이 가신 나라로 따라가셨다 어쩌나 어쩌나

다시 보면 이승이고 다시 볼 수 없으면 너머인 것을 일찍 세상을 달리한 아버지보다 더 일찍 알게 됐다는 사촌, 아버지 세상보다 두 배 넘게 살아온 세상에서 복어만 피하면 되는 것인지 알 수 없어서 어쩌나 어쩌나

뒤뜰이 없다

할머니 집 뒤뜰에는
늙은 거미가
거미줄을 쳐 놓고 꾸벅꾸벅 졸고 있었다

할머니의 기다림과
모든 설렘의 장소는 뒤뜰에서부터였다

바닷가에서 주워 온 고동 밥그릇엔
모래 밥이 가득
뭉툭한 돌화덕 위엔 풀국이 끓고
심덕아, 순희야, 애순아, 철재야
밥 먹어라 부르시던
유년의 기억이 묻혀 있는 뒤뜰엔

언제부턴가
아파트가 되어 뒤뜰이 없고
자동차만 가득하다

오늘은
없는 나의 뒤뜰이 그리워

산마을 밥상을 받아보았나요

지리산 높은 자락
하늘 끝이 저 앞
눈앞에 펼쳐지는 들판엔
보라색 감자꽃이 이랑이랑 피어 있다

자아내는 탄성 속에
밤꽃이 흐드러져 톡- 하는 향기가
코끝을 간질인다

타향에서 돌아온 딸을 반기듯
배시시 한 웃음에
사르르 녹아나는 먼 여행길의 노독
고사리, 두릅나물, 산채 나물이
텃밭의 상추, 고추와 어우러져 차려진
소담한 밥상
정갈한 주인의 손맛을 먹는다

너무 높아 인적 드물고
너무 멀어 찾는 이 없는

깊음에 젖은 지리산 골짜기로
밥상이 오른다

연심의 장르, 손톱

당신은 무슨 색인가요

토양의 성분에 따라
일곱 가지 색으로 변하는 수국처럼
환경에 따라 우리들이 변하는

기다림의 연분홍
청춘은 초록의 다양
생로병사 단풍
고요의 회색
봄 여름 가을 겨울 손톱을 물들이면

나의 계절은
어느 손가락에 닿아 있을까요
당신을
무슨 색으로 물들일 것인지요

우리들의 씨방

ㅇ 대신 ㄹ로
읽지 말아 주세요

앵두, 매실, 복숭아⋯
무엇이라도 만들어 내는
마술 주머니예요

ㄹ을 굴려서
동그라미로 만들어 보세요

어디든지 멀리
가고 싶은 나를 품어 주는
꽃씨 우체국
부디 앓지 마세요
건강하시라는
밀서를 주머니 모양으로 배달합니다

지금은 타고 넘는 시기

병원에 다녀왔다
명절 지나 입원한 지인의
몸살감기 속을 다녀왔다

공업사에 다녀왔다
계절이 바뀌고 기온이 달라지니
20년 된 애마가 고장 났다
고달픔 속을 다녀왔다

아침에 거울을 보니
얼굴에 세월이 묻어 있다
주름이 하나 더 보인다
어느 속을 다녀와야 될까

사람도 자동차도
거울도
지금 환절기를 앓는 중

노을이 붉으면 태풍이 온다

링링이 찾아와
감나무가 반으로 잘렸다
무거운 몸을 땅에 뉘었다
세찬 바람맞으며 목숨을 지탱하느라
한쪽을 자른 것이리라

달려 있는 감이 그대로 익어간다

이번에는 타파가 다가왔다
모든 걸 타파하려고
세상을 반으로 쪼갠
부조리, 관행이 타파될 거라고 믿으며
난간을 세게 잡아 본다

강해서 부러지는 것보다
바람에 한껏 흔들려도
달려 있는 감을 익혀낼 수만 있으면
그걸로도 족하다

치르는 생

생명의 창조가
인(因)과 연(緣)이 합하여
때를 만나 이루어지듯
엉켰던 인연의 실타래를
한 올 한 올 풀어
다시
때를 짠다

의식을 치른다
떨리는 모공 사이에 고이는 물
진액을 짜내듯
머릿속의 생각들을 퍼낸다

멈춰진 시간
닫힌 공간
긴장된 촉수가 사방을 더듬는다

톡-
땀방울 떨어질 때
〈

모든 숨이
한꺼번에 토해진다

나무가 걸어온다

검버섯꽃이 만개했다
오랫동안 자외선에 노출된 흔적
노화에 접어든 시기를 알려준다
지지 않고
상처가 말을 걸어온다
벗겨도 치밀어 생겨나는 때
오늘은 목욕물을 데워서 담가본다

저 산에 있던 꽃은 향기를 벗고
지금은 벌거숭이 몸
나비를 기다리며
터진 물줄기를 맨몸으로 맞는다

기생하고 있던 깍지벌레가
깜짝 놀라 도망간다

햇살 하나
바람결 하나에도
흔들리고 출렁이는 마음
얼마나 많은 깎임이 있어야

매끄러워지는지
자리 잡은 검버섯꽃을 살살 어루만진다

업사이클링 정원

도심에 정원이 생겨났다
떠나버린 사람의 훈김이 서려 있는
썰렁한 길목에
옛 발자국 소리 들린다

발이 지친 몸을 지탱한다
한잠 푹 자고 나서
의자에 엉덩이를 붙인다
고개를 돌려보니
벗겨진 이팝나무 속살이 보인다

맨들맨들해진 흙 위의
내 발자국에서
나무 한 그루 자라고
꽃의자가 피더니
멀리 떠난 벌과 나비를 부른다

공기악수

손바닥이 손바닥을
마주 잡는다
서로의 바닥을 나누면
차가운 무관심이
녹아서 흐른다
서로의 바닥을 맞대면서
한 번 더 흔들리고
한 번 더 결속한다
닫힌 말이
서로의 손바닥으로
입을 연다

꽃밥

날개를 살랑이게 하는 바람
웃음 끝에 꽃이 피어 있다
나비를 바라보며 웃는다

엄마가 그리울 때마다
나비거울을 들여다보면
거기엔 엄마를 닮은 내가
엄마로 웃고 있다

나비가
활짝 날개를 펴고 나를 담는다

거울에는 흔적이 남아
엄마의 나비가
훤하다

흐렸던 그리움 닦고
나비들아
꽃밥 먹으러 가자

4부

나무들의 기억들이 가위로 잘려도
내 손안의 종이들이 무정할 수 있을까

하늘 처마
― 대원사 가는 길

여기는
탯줄을 따라간 자궁 속
못다 한 어머니 말씀
무량겁 피어난다

태초의 아름다운 꽃길
발자국마다 굴곡진 삶
선명한 업이 되어
연못 속에 비친다

살아서 좋은 말로
살아서 좋은 행동으로
선업을 쌓아 갈 때
어머니의 배 속을 흐르는 강은
공에 이른다

12월에 이르면

먼저 보낸 것들이 붉어지는 시간
기도하는 마음으로
12월의 달력을 벽에 건다
낙엽이 은빛 동전으로 비 되어 내리고
겨울바람이 여인과 탱고를 추듯 휘도는데
열한 장의 달력도 같이 돌아간다
화분이 많은 카페에서
겨울을 피워내고 있는 꽃을 본다
진한 아메리카노 한 잔 속에
시답잖은 이야기와 쉽게 만났던 일상의 보랏빛이 풀린다
행복인 줄 모르고 지냈던 지난 시간이
작은 기척으로 다가와 내 옆에 선다
시간은 궤도의 흔적을 남기며
업으로 녹아들어 달력으로 나를 구성한다
12월이 발꿈치를 들어 벽을 님으려 한다

한 움큼의 구원
— 종자 박물관

바람은 가고 싶은 방향으로 씨앗을 옮기고
햇살은 어린잎을 다독여 키운다

씨앗 도서관이 있는 도시
모든 종자를 박물관에 보관하고 싶어 하는
도시 사람들
씨앗을 읽고 종자를 검색한다

노르웨이 스발바르에 봉인된 것이 아닌
우리나라 토종 씨앗이
유리 비커 속에서 체험 나온 아이들을 구경하고 있고
나는 그들에게 물 한 방울 땅 한 평 주고 싶다

숨이 깃든 한 조각이 바람을 타고 땅에 묻히면
빗방울 속에서 떡잎이 꼼지락거린다
어린 떡잎은 애정의 길이만큼 뿌리내리고
키를 키운다
우주를 품은 작은 결정체가 운집한 서대문식물원
한 움큼의 박물관, 자라나는 구원이다

종이 세상 1

삼각접기 사각접기 문접기
세계를 접으면

쪼개지고 갈라지는
먼먼 닥나무 생
꽃접기 쌍배접기 고기접기 한다

욕계에 갇힌 색들이
접히고 나비로 난다

나무들의 기억들이 가위로 잘려도
내 손안의 종이들이 무정할 수 있을까

종이 세상 2

종잇조각을 들고
방석접기 아이스크림접기 문접기 하다 보면
어느새 소박한 등 하나 접고 있다
작은 불빛을 넣으면 여자만등대가 된다

노랑 초록 갈색 종이가
하늘바라기로 피면
빨강 파랑 색종이 잠자리 되어 날아가고

가을허수아비 두 팔 벌려
황금빛 들판에서 졸고 있는 종이의 오후

호박 종이는 헬러윈 가면
긴 채색 종이는 빼빼로 가방
생선 굽는 종이 오븐
곰돌이가 덮고 자는 오색 이불
쌍배접기 보석함

종이의 변신은 무죄
무량한 하늘이 종이로 접힌다

종이 세상 3
― 선혜 학교

선혜의 종이는 세상을 품고 있다
표현하지 못한 마음은
눈동자로 읽는다

선생님의 손길 하나에,
아이는 손가락 하나로도
세모를 만들고 네모도 만든다

사람 세상처럼 다양한 크기를 가진 색종이 세계
창문이 태어나고 커튼이 태어나고
곰돌이가 탄생한다

오늘은 북극곰 상자에
우주를 담아본다

부채꽃을 만들고
상자에 선혜의 선량한 눈빛이 담기면
달나라 토끼도
쿵더쿵쿵더쿵 선혜와 논다

사모

먼먼 우주의
한 곳에서 만나
미래세에 다시 만나길 약속하고
왔습니다
서로의 현생에서
당신은 인아를 싹 틔웠습니다

비를 맞고
햇살을 받으며
여린 싹이 나오자
안쓰러워 다칠세라 묻을세라
꽃문이 열렸습니다

도돌이표가 되지 못해
음악이 되지 못해 사모곡을 지웁니다

다시, 당신에게로 흐르는 시간입니다

시 쓰는 언니

다섯 살에 해방을 맞이한 언니는
여자가 글을 배우지 못하는 시절에
여학교를 졸업한 행운아다

육십은 꽃봉오리인데
스무 살로 방긋 웃고 있는 환한 모습은
언니를 처음 본 모습이었다
시심은 십팔 세 소녀

여덟 번 강산이 변하고
잘 키운 자식들과 해외여행을 다녀왔단다
공항 통과할 때
열 손가락 지문이 모두 지워져
이쁜 얼굴 덕분에 통과했다고 웃는 언니

그래도 안아 줄 수 있는 따뜻한 손이라고
멋진 마음을 가진
시 쓰는 언니
나도 언니의 시 그림자를 좇아간다

누가 푸름을 불러
― 강천사 단풍길

안개비가 내리고서야 무르익은 가을
물안개 피어오르는 능선 사이로
울긋불긋 애기 단풍이 손 흔든다
가을이 소란스럽다

나라에서 관리해 주는 햇수가 되었다고
입장료도 없이 가을을 내어준다
흘러내리는 폭포수에 서글픔을 씻고
건너는 흔들다리가 어지럽다

지난해 단풍이 올해의 단풍이 아닌 것처럼
어제의 날이 오늘이 될 수 없다
단풍길을 즐기느라
시끄러운 주변의 말소리도
그저 가을이다

잎 진 모과나무
세월의 무심함에 홀로 서 있고
꽃 진 상사화가 이제 푸르다

하화도

섬이 피었다

집과 사람과 햇살
바다에 꽃을 피웠다

둘레길 따라
야생화 보러 온 바람이 잔잔히 걷고
출렁다리 아래 바위틈
바람꽃이 거칠어 아름답다

꽃이 섬이 되고 사람이 꽃이 되는
하화도
개도 막걸리 한 잔에
섬이 취한다

* 개도 : 여수에 있는 섬 이름.

탁발하는 씨

 원 씨가 되어버린 탁발 씨는 북위 황실의 성씨인데 이제는 후레자식이 되어버렸고 음식을 빌어먹는 누군가는 거지가 됐다

 자연에게서 빌어먹는 거지 바람도 공기도 햇살도 저기 그늘잠도 내 것이 아닌데

 자비에 의존하여 거리낌 없이 가슴을 벌리고 크게 숨을 쉬고 당연하게 내놓으라 한다 너무 적어 위가 달라붙고 너무 많아 온몸의 둑이 터져도 더 많이를 외치는 내 안의 탁발

우리라는 중심

가지런 가지런
쭉쭉
휘청휘청

갈대는 금방이라도 쓰러질 듯하지만
다시 그 자리

부러지지 않기 위해 흔들리지만

흔들림이 싫어

우리는 서로의 지지대가 된다

■ 해 설

그늘과 연민의 시학

신상조(문학평론가)

　시인이란 남들보다 조금 더 민감한 통점을 가진 사람들입니다. 민감한 통점이 비명이나 신음을 낳듯, 심미적인 그들의 언어는 언제나 폭발하기 직전의 임계점과도 같아요. 개중에는 음유의 능력을 선천적으로 타고나서, 툭툭 뱉어내기만 해도 수사와 비유가 아름다운 시편들을 만들어낼 줄 아는 사람들도 있어요. 돌발적인 상상력으로 금기와 위반의 쾌감을 맛보게 하는 시인들도 많지요. 또 어떤 시인들은 삶이 자신에게 건넨 날카로운 가시를 품어 치유의 꽃을 피울 줄 아는 사람들도 있답니다. 아마도 명인아 시인은 맨 나중의 경우에 해당하는 시인이 아닌가 싶어요. 실존주의 철학자 하이데거는 '언어는 존재의 집'이라는 유명한 말을 했지요. 그는 존재의 집인 언어를 가지고 생각하고 창조하는 사람들이야말로 이 집의 수호자들이라고 했답니다. 그런데 존재가 드러나는 장소이자 존재가 거하는 처소를 언어라고 할 때의 '존재'란 대체 무엇일까요? 하이데거는 '존재'와 '존재자'를 구분합니다. 그에게 '존재'란 '존재자의 시시각각 변하는 상태'나 '존재자의 존재 방식'을 나타내는 겁니다. 그리고 '존재자'가 어떠한지, 어떤 상태에 있는지에 대한 설명을 '언어'로 할 수밖에 없기에, 하이데거는 '언어는 존재의 집이다'라고 말했던 거지요. 이렇듯 존재의 음성에 귀를 기울이고자 하는 하이데거의 말을 응용하자면, 명인아 시인에게 존재는 '그늘'이라고 할 수 있습니다. 그는 존재자의 근원적 존재 방식인 '그늘'의 음성에 귀를 기울이고 그것을 주목합니다. 그런데 어쩐 일인지 '그늘'을 향해서 끝내 고개를 끄덕이네요. '그늘로 지어진 집'을 노래하는 시인의 시를 읽어 보겠습니다.

> 닿는 것이 좋았습니다
> 포용해주는 넓은 품
> 흔들리지 않는 고요함이 있습니다
>
> 이별을 잉태한 만남은
> 응강*을 흐르는 그림자

보이지 않는다고 없는 것이 아니었습니다

이제 시작하려는
용암 가득한 분화구
또 다른 인연이 분출을 유도합니다

슬픈 눈물 웃음 속에 감추고
무심한 표정 짓는데
그래도 좋다고
끄덕인 날들이었습니다

뜨거웠던 인연이
제자리로 고요히 돌아갑니다

* 웅강 : '그늘' 방언

- 「그늘로 지은 집」 전문

「그늘로 지은 집」을 살펴보기 전에 「봄으로 물들어」라는 작품을 소개하고 넘어가야겠습니다. "결혼 후 일주일 만에 바다로 떠난 신랑은/ 일 년 동안 새색시를 그리워하는 힘으로/ 파도와 싸우며 마구로*를 잡았"고, 서로를 그리워하던 젊은 부부가 세월이 힌참 흐른 후에 "깊은 주름

사이를 들여다본다"라고 노래하는 이 시는, "매화나무 가지에서 기억의/ 꽃향기 피어나고/ 나는 이제야 봄으로 물든다"라는 화자의 고백으로 행복하게 마무리합니다. 시에서의 '만남'은 모든 어려움을 견디어낸 후 나이가 들수록 더욱 의미가 깊어지는 모습으로 그려지고 있네요. 시집의 제목을 이 시에서 취할 만큼, 「봄으로 물들어」는 명인아 시의 전모를 보여주는 작품이라고 할 수 있겠습니다.

반면 「그늘로 지은 집」은 존재자들의 만남과 이별을 순차적으로 그리는 시상 전개 방식을 취하고 있습니다. 시의 1연은 '만남'에 관한 이야기입니다. 화자는 상대의 '포용'과 그와의 관계에서 오는 '흔들리지 않는 고요함'에 닿는 것만으로 그저 좋았다고 고백합니다. 이별을 전제하지 않는 앞선 시와 달리, 「그늘로 지은 집」의 2연은 만남이 실상 '이별을 잉태한 만남'이었음을 이야기합니다. '뜨거웠던 인연이 제자리로 고요히 돌아' 가기까지의 과정을 살펴봅시다. 1연은 환하고 고요한 이미지입니다. 하지만 1연을 제외한 2연에서 5연까지는 보이지 않는다고 없는 것이 아닌 '그늘'이라는 표상으로 어둡고 서늘합니다. 비율만으로 놓고 본다면 만남의 기쁨을 맛보는 시간에 비해 이별을 예감하거나 준비하는 시간이 훨씬 깁니다. 아니지요. 만남이 이미 이별을 잉태했다면, 이별은 만남과 함께 처음부터 준비된 거라고 할 수 있습니다. 빛이 없다면 그늘이나 그림자도 있을 수 없음을 시인은 알고 있는 거지요. '응강'은 그늘의 방언입니다. '그늘'에 '그림자'가 다시 중첩합니다. 이 캄캄한 어둠을 어떻게 하면 좋을까요?

만남과 이별에는 수없이 많은 경우의 수가 있습니다. 아무리 좋은 만남도 언젠가는 끝이 있게 마련입니다. 인간은 무한한 시간의 강물에 잠깐 발을 담갔다 사라지는 유한한 존재고, 영원을 맹세하기에는 지나치게 가볍고 가변적이니까요. 시인은 존재자의 조건으로 이러한 이항 대립 항목으로서의 만남과 이별을 주목하지만, 시는 절망적인 어두움이나 사설이 없습니다. 4연의 '그래도'라는 부사는 이별로 귀결됨에도 불구하고 모든 관계의 '날들'을 긍정하는 화자의 태도를 집약적으로 드러내는 단어입니다. 뜨거웠던 인연이 '제자리로 고요히' 돌아가는 시의 마지막은 이별 후의 적요를 보여주고 있네요. 깨끗하고 정결한 슬픔입니다.

명인아의 시의 존재론적 기원은 '그늘'이라고 할 수 있습니다. 그의 시는 시간의 흐름 속에서의 만남과 이별, 삶과 죽음, 생성과 소멸, 나아가 우리의 존재를 규정하는 방식으로서의 상(像)인 '그늘'을 경험하게 합니다. 하지만 그의 시는 이별과 죽음과 소멸로 인한 상실감과 균열을 벗어나 충만한 삶으로의 변형을 꾀합니다. 우리의 존재를 규정하는 부정성을 해체하려는 시인의 의지는 자연 사물에 대한 해석에서 엿볼 수 있습니다. 다음은 대나무에게서 '투쟁'의 이미지를 읽어내는 시입니다.

없는 길을 찾아
눈도, 발도 없이 본능 하나로 땅속 30리를 간다

무간의 블랙홀 속에서 대나무가 생존의 실마리를 푼다
실낱같은 희망만 있다면 그곳이 어디든 손 내밀어
제 자리를 마련한다

함부로 남의 영역도 침범한다
공자나 노자는 이미 없고
지조와 절개, 사군자의 가면을 쓴 얼굴만
모양을 바꾸며 태양을 흘린다

대나무는 운명을 개척하는 용자
하루 사이에 불쑥 자라나 어른의 모습을 하고
자신의 사주를 만들어
낯선 장소 힘겨운 투쟁에서 반드시 살아남는다
   　 　 　 　 　 　 　 　 －「대나무 사주」 전문

'대나무 사주'라는 제목이 얼핏 민속 신앙의 이미지를 환기합니다마는, 이 시는 귀신과 운명에 순응하는 샤머니즘과는 무관한 시입니다. 사람이 태어난 연월일시의 네 간지干支, 또는 이에 근거하여 사람의 길흉화복을 알아보는 점이 '사주'인 반면, 시에서의 대나무는 운명을 개척하며 "자신의 사주를 만들어가는" '용자'이니 말입니다. 그러니 제목에서의 '사주'는 운명에 순응하지 않는 모습을 강조하기 위한 일종의 반어입니다.

한국 문학에서 대나무는 흔히 지조와 절의를 상징합니다. 굽거나 쉽게 부러지지 않는 자연 사물의 특성이 당대의 유교적 관념에 부합한 덕분이지요. 그런데 세속과의 결탁을 거부하는 조선시대 선비의 올곧은 태도를 투영한 상징성은 대나무의 외양만을 보고 내린 섣부른 오해라는 게 시인의 설명입니다. "공자나 노자", "지조와 절개"는 "사군자의 가면"에 불과하다는 거지요. 시인이 주목하는 것은 대나무의 생김새가 아니라 남다른 생존의 방식입니다. 대나무는 "땅속 30리"가 넘는 거리에 뿌리를 내리고, "무간의 블랙홀 속에서"도 "생존의 실마리를" 풀 줄 아는 강한 생존력과, "함부로 남의 영역도 침범"하는 뻔뻔함도 갖추고 있습니다. "낯선 장소 힘겨운 투쟁에서 반드시 살아남는" 대나무의 생존력은 시인에게 "운명을 개척하는 용자"로 비치고, 이러한 대나무의 속성을 시인은 아낌없이 예찬합니다. 사군자가 가진 교과서적 상징성에 익숙한 우리에게 대나무의 이러한 생명력은 낯선 모습으로 다가오네요. 좋은 시란 우리가 익숙해져서 경이감과 외경감을 잃어버린 사물에 대한 놀라움을 회복시켜 줍니다. 이 세상을 알 만큼 안다고 착각하는 우리의 무지를 깨뜨리며, 알 수 없는 것으로 미만한 세계에 새삼 감탄하며 눈을 뜨게 만듭니다. 「대나무 사주」가 바로 그런 시가 아닐까 싶습니다.

상실과 부재의 부정성을 해체하고 충만한 삶으로의 변형을 꾀하려는 시인의 의지는 '투쟁'을 긍정합니다. 그렇더라도 이런 외향적 자세보다는 내향적 자세가 그의 시에서는 승합니다. 내향성은 자연과 세계 앞에서 겸허하게 자신을 낮추는 자세로 드러나는데, 이는 자연에서 오는 깨달음을 마음에 새기는 겸손하고 경건한 삶으로부터 비롯합니다. 힘들이지 않고 대략 훑어보더라도 명인아의 시에서 자연을 통해서 탐구하고 깨닫는 경이감은 깊은 샘에서 솟아나는 샘물처럼 그칠 줄을 모릅니다. 시인은 수선화를 보며 "사랑은 내가 좋은 것을 주는 것이 아니라/ 상대방이 좋아하는 것을 주는 것"(「수선화의 반향」)이란 깨달음을 얻습니다. "순천만 정원의 소나무 한 그루"에게서 배운 "낮은 자세"(「분재」)는 또 어떤가요? 그는 소나무의 낮은 자세를 "더 자세히 보기 위해" 무릎을 꿇기

까지 합니다. 어린 연록을 우려낸 녹차를 마시면서 그는 "이기는 것보다 지지 않는 것이/ 더 소중하다"(「어린 연록의 날-녹차를 마시며」)는 아버지의 교훈을 새삼 떠올립니다. 다음의 시는 자연을 통해서 탐구하고 깨닫는 경이감을 넘어, 아예 자연과 이물감 없이 섞여 살아가는 삶을 실현합니다.

    땅속 깊이 두더지 길이 나 있고
    고구마는 사라지고 없다

    남은 고구마를 캔다

    씨 뿌려 놓으면 새가 와서 먹고
    열매 맺으면 또 와서 먹고
    일주일에 한 번 오는 주인이 객이다
    오늘도 손님이 왔다며 멀찍이 바라보다
    그들의 밭을 뒤적인다

    벌레들이 마음 놓고
    배춧잎, 청경채를 먹다가
    남긴 흔적이
    생선 가시처럼 앙상하다

〈

　　매화나무는 벌써 꽃눈을 내고
　　포도는 잎을 다 떨궈 버렸다
　　냉이는 초록 잎을 내밀었고
　　감나무는 까치밥 하나 남겼다

　　나는 그들의 텃밭에 이방인이 되어
　　주는 것 없이 가져가는 것이 미안해
　　자주 가는 걸음이 거름이 되라고
　　종종 발자국을 찍는다

　　　　　　　　　　　　－「따듯한 인사」 전문

　이 시는 텃밭을 가꾸며 겪는 소소한 실패담을 형상화한 작품입니다. 농사일에 서툰 텃밭 주인이 거두어들일 작물은 양이든 질이든 기대할 게 뭐 그리 많을까 싶습니다. 고구마는 두더지가, 씨와 열매는 새가, 배춧잎과 청경채는 벌레들이 양껏 먹고 배를 두드리는 형편이니 말입니다. 텃밭의 소출이야 그렇다 쳐도 매화나무, 포도나무, 벚나무가 자라는 땅에 냉이가 초록 잎을 내밀고 있는 텃밭 풍경은 평화롭습니다. 텃밭의 평화는 일주일에 한 번씩 고개를 내미는 게 고작인 텃밭 주인이 자기가 주인이라는 인식이 없기에 지켜집니다. 그는 두더지가 남긴 고구마를

캐고 벌레 먹은 푸성귀를 따면서 "주는 것 없이 가져가는 것이 미안"하다고 여기는 정도니까요. 벌레를 잡기 위해 농약을 칠 줄도, 새를 쫓기 위해 허수아비를 세울 줄도 모르는 어딘지 허술한 이 주인은 고작 텃밭을 찾는 자신의 걸음이 거름이기를 소망합니다. 자연 친화적이라는 말이 거창하게 여겨질 정도로 텃밭 주인의 삶과 자연은 하나입니다. 하지만 인간과 하나 되지 못한 자연은 겉보기에만 화려합니다. 「출렁거리는 섬-장도」에서 시인은 고동과 바지락을 잃은 채 잊혀 가는 섬을 노래합니다.

 썰물이 되면 바닷물이 빠져 섬으로 가는 길이 나온다
물을 가로질러 육지와 연결된 돌다리, 어릴 적 그리움 찾아
발길 재촉하는데 물 빠진 갯벌에 바지락이 먼저 반긴다

 바위 틈새엔 고동 군락지도 있다 일찍 세상을 떠난 남편 대신 귀하게 여겨 주던 마을 건너 살던 님, 아들 하나 딸 하나 낳았건만 머리 뜯기고 아들 뺏기고 겨우 딸 하나 건진 소영댁, 소영댁이 살던 곳에도 흔했던 고동과 바지락

 밀물이 오면 돌다리는 물에 잠기고 바다가 되는 풍성했던 장도, 이제는 민둥머리가 되었다 예술의 섬을 만들겠다고 산을 깎고 길을 만들고 인공으로 나무를 심어 놓고 꼬

마불이 반짝이고 조각상도 갖다 놓았다

　　가끔 피아노 소리도 울리고 합창 소리도 들리고 강연도
　하며 사람들을 부르건만 소영댁과 고동과 바지락을 잃은
　장도는 잊혀진 섬이 되었다
　　　　　　　　　　－「출렁거리는 섬-장도」 전문

 이 시의 시상은 썰물이 된 장도와 밀물이 온 장도로 구분해서 전개됩니다. 시인이 소개하는 섬 장도는 썰물이 되면 바닷물이 빠져 섬으로 가는 길이 나오는 곳입니다. 물을 가로질러 육지와 연결된 돌다리도 있고요. 갯벌에 바지락이 살고 바위 틈새엔 고동이 군락지를 이루고 있습니다. 돌다리와 썰물이 육지로 연결되는 길을 만드는 대목에서 이 마을과 저 마을의 정분난 남녀 이야기를 슬쩍 끼워 넣는 시인의 솜씨가 예사롭지 않네요. 섬의 주민 중 한 사람이었던 소영 댁은 일찍 남편을 잃고 마을 건너 살던 어떤 남정네에게 정을 붙이고 살았나 봅니다. 그런데 그 '님'은 이미 임자가 있는 처지였고요. 우리에게야 혀를 차면 그만인 흔한 얘기이지만 당사자들이야 어디 그렇겠습니까? 남편 뺏긴 분풀이를 하느라 상대방의 머리채를 잡은 여자나, 머리채도 잡히고 아들마저 뺏긴 소영 댁이나 딱하기는 마찬가지입니다. 욕심부리지 말아야 할 사랑을 탓하는 건 그저 우리의 몫이고요.

　소영 댁의 가슴 아픈 사연에도 불구하고 장도는 아름답습니다. 밀물이 오면 돌다리는 물에 잠기고, 바다는 더욱 풍성합니다. 장도의 아름다움은 본래의 모습 그대로일 때입니다. 산을 깎고 길을 만들고 인공으로 나무를 심어 놓고 꼬마불이 반짝이고 조각상도 갖다 놓은 장도는 이제 너무나 인위적입니다. 피아노 소리도 울리고 합창 소리도 들리고 강연도 하는 대신에 장도는 고동과 바지락을 잃어버렸네요. 이 대목에서는 생태계와 인간과의 상관관계에 대한 시인의 염려도 엿보입니다. 시의 결미에서 시인은 장도가 '잊혀진 섬'이 되었다고 이야기합니다. 사람들이 잊어버린 건 야생의 자연스러움을 간직한 장도이고, 그 자연에 기대어 고동처럼 바지락처럼, 이름 모를 들꽃처럼 살아가던 소영 댁의 한스러운 사연일 것입니다. 시인은 변해버린 장도를 애석하게 생각하며 그것을 서운해하고 있는 거지요.

　명인아 시인은 유별나거나 희귀한 소재주의적인 시를 선호하지 않습니다. 그는 조그마한 일에도 감탄하는 눈으로 주변을 살피고, 삶과 동시에 죽음을 성찰하면서 일상에서의 쓰기를 실천합니다. 다음은 시인이 향긋한 찻잔을 앞에 놓고 생각이 깊어진 데서 온 시가 아닌가 싶어요.

천상에서

죄를 짓거나 업을 닦으려 할 때

인간 세상으로 보낸다고 한다

사바세계의 번뇌 속에서 업을 다 하고

다시 천상으로 돌아갈 때

가지고 가는 것은 무엇일까

향기로운 꽃향기

가족들의 웃음소리

향긋한 커피 한 잔의 기억

상큼한 바람의 느낌

사랑하는 사람의 마음

그런 것들

한없이 짊어지고 가다 보면

버리지 못한 게 무거워

인간 세상으로 다시

죄가 되돌아올 수 있을까

-「여기 향기를 두고」 전문

 이 시의 발상은 불교의 사상에 근거합니다. 현실계의

인간 세상을 번뇌와 업이 지배하는 사바세계로, 사후의 세계를 천상으로 이원화하는 대목은 일반적입니다. 그런데 천상에도 이 세상과 마찬가지로 죄와 업이 존재하는 걸까요? 시에 따르면 죄를 짓거나 업을 닦으려 할 때 인간 세상으로 다시 보내진다고 하는군요. 그렇다면 우리가 살아가는 현실계는 고해苦海의 바다가 아니라 거칠고 미숙한 심혼을 온화하고 성숙하게 길러내는 수련장이라고 할 수 있겠네요. 시인에 따르면 이곳은 끝없는 고통의 세계가 아니라 '향기로운 꽃향기'와 '가족들의 웃음소리', '향긋한 커피 한 잔의 기억', '상큼한 바람의 느낌'과 '사랑하는 사람의 마음'이 있는 세상입니다. 현실계가 천국처럼 여겨지는 이유가 그래서입니다. 시의 마지막 연은 현실계가 천국 같다는 해석에 힘을 실어줍니다. 향기와 웃음소리와 기억과 바람 이 모두를 짊어지고 천상으로 향하던 심혼은 그 무게를 감당하기 어려워 그것들을 지상에 버리고 간다는군요. 이 세상이 그런 죄로 가득한 세상이라면, 그리고 천상이 그런 죄를 지고 가지 못하는 세상이라면 과연 우리는 어느 세상에서 살아가기를 소망해야 하는 걸까요? 물론 모든 집착을 경계하는 불교의 고매한 사상을 모르고 하는 소리이지만 말입니다.

「여기 향기를 두고」는 시인이 향긋한 차 한 잔을 마시며 예사롭게 떠올린 생각이라기에는 생각할 점이 많은 시입니다. 천상에 가지고 갈 수 없다면 "그런 것들"은 죄가 분명합니다. 하지만 '여기 향기를 두고'란 시의 제목은 '향기'로 표상되는 삶의 아름다움조차 집착이라며 금하는, 차원 높은 불교적 사상을 염두에 두고 하는 말이 아닌 듯싶습니다. 우리가 이 세상에 남기고 갈 유산은 "그런 것들"밖에 없으니, 오히려 죄를 많이 짓고 가자는 말로 들리는 건 저만의 착각일까요? 다음의 시는 시인이 수시로 짓는 '죄'의 형태를 보여주네요.

펼쳐둔 채소 앞에 앉아
무심한 듯 꾸준히 한평생을 살아온
나물 파는 할머니
손은 거북이 등
얼굴 깊게 파인 주름이
살아온 길을 내보이고 있다

자연의 이치도
세월이 흐르면 눈앞에 당겨 앉고
눈빛만으로도 입속의 말을 알 수 있는데
삶의 시간이 쉼 없이 지나간 지금을
왜 더 알 수 없는지
〈

비를 동반한 가을바람이
할머니의 초조한 마음을 넘긴다

'내가 차가 없어서 가지고 갈 수가 없어
떨이로 싸게 줄 테니 제발 가져가시게'

무겁게 들고 온 할머니의 채소가
우리 집 밥상 위에 올려졌으니
할머니의 마음만은 조금 가벼워졌길

— 「짧은 소설—순천 오일장」

  우선 이 시의 제목을 눈여겨볼 필요가 있습니다. 서정 작품의 제목이 서사적임은 특이하니까요. 사실 명인아의 시에서 서사는 드물지 않습니다. 이를테면 "새색시 배 속에 앉아 있었던 사촌 동생은 아버지의 얼굴도 모르는 채 태어나야 했고 눈물로 갓난아이를 씻어 주던 숙모도 이제는 삼촌이 가신 나라로 따라가셨다"(「부풀어지는 한낮」)라는 가까운 혈육의 사연 등이 그의 시에는 자주 등장합니다. 그리고 보면 3연의 "비를 동반한 가을바람이/ 할머니의 초조한 마음을 넘긴다"라는 대목은 서사와 관련해서 의미심장합니다. 마치 할머니의 초조한 마음이 책장이라도 되는 듯 바람이 넘기고 있다고 표현하고 있습니다.

명인아의 시는 수사가 화려하거나 과하게 기교를 부리지 않는 편입니다. 모호하고 다의적인 것만이 시로서의 가치를 지닌다는 우리의 편향된 생각을 거둔다면 그의 시는 깊이와 울림을 갖습니다. 이는 할머니의 한평생을 나물이 팔리지 않을까 초조해하는 마음으로, 그 초조한 마음을 바람이 넘기는 책장으로 치환하면서도 단순하고 간명하게 넘어가는 수더분한 시작詩作방식에 있습니다. 어쩌면 시인에게는 시보다 중요한 것이 '무겁게 들고 온 할머니의 채소'가 가벼워진 만큼, 할머니의 마음도 가벼워졌으면 하는 바람일 겁니다. 거북이 등처럼 갈라진 손과 깊게 파인 얼굴의 주름에서 할머니의 '살아온 길'을 서사처럼 읽어내는 일은 노인에 대한 시인의 연민에서 비롯한 일일 테니까요.
  이처럼 가난한 이의 고통에 민감하게 공감하지만, 그의 시는 함부로 애상으로 흐르는 것을 허락하지 않습니다. 떨이로 줄 테니 "가져가시게"라는 할머니의 말투는 높임의 격식체 중에서도 낮춰서 얘기하는 하게체에 해당합니다. 할머니가 구사하는 하게체의 활용이 당신에게 엄전함을 부여함으로써 우리의 섣부른 동정심을 사양한다면, 다음의 시는 할머니들의 입말을 통해 젊은 자식들에게서 소외된 노인들의 처지를 생동감 있게 풍자합니다. 택시를 탄 할머니가 "니미씨벌 아파트로 가 주시오"라고 택시 기사한테 소리치네요. 너무 놀라지는 마세요. 소리가 비슷해서 그렇지 할머니가 욕설을 입에 올린 게 아니랍니다.

    허리 구부러진 할머니
    검은 봉지를 주렁주렁 들고
    택시를 탄다
    기사 양반
    니미씨벌 아파트로 가 주시오
    할머니가 내민 봉투에는
    리벤시빌 아파트라고 적혀 있다

    모습이 고운 할머니 한 분이 손을 든다
    바쁘게 자리에 앉은 할머니
    기사 양반
    불이 난 아파트로 빨리 갑시다
    할머니는 블루빌 아파트에서 내린다

    반세기 만에 변한 세상
    할머니는
    자식들 사는 아파트 찾기가 어렵기만 하다
    다시는 가고 싶지 않아
    대문 밖 골목을 오래 쳐다본다
                            - 「아파트 오독」 전문

자식들 아파트를 찾아가는 할머니들이 외국어로 된 아파트 이름이 어려워서 정말 이렇게 말했을 수도, 아니면 오독을 핑계로 일부러 욕하듯이 발음했을 수도 있겠습니다. '니미씨벌 아파트로 가 주시오'라는 할머니는 겉으로 화를 내뿜는 성격이겠고, '불이 난 아파트로 빨리 갑시다'라는 할머니는 타는 속을 남몰래 삭이는 사람 같습니다. 그들의 말마따나 반세기 만에 세상은 너무나 변해버렸습니다. 자식들 아파트는 찾기가 영어 발음만큼이나 어렵고, 그들이 대문 밖 골목을 아무리 오래 쳐다본들 자신들을 찾아오는 자식들의 발길은 뜸할 게 분명합니다. 저는 이 글 서두에서 시인이란 남들보다 조금 더 민감한 통점을 가진 사람들이라고 말씀드렸습니다. 그리고 명인아 시인은 그런 이들 중에서도 삶의 날카로운 가시를 품어 치유의 꽃을 피울 줄 아는 사람이라고 얘기했었지요. 거기에 더해 그는 누구보다 여리고 따뜻한 마음을 가진 시인이라는 말을 덧붙이고 싶습니다. 작위적이지 않은 그의 시는 인공 감미료가 들어있지 않은 음식처럼 우리의 삶을 건강하게 추스르게 하는 힘을 가지고 있네요. 순수하고 선량한 서정적 위로의 성취가 돋보이는 시집입니다. 맑고 투명하면서도 진솔한 명인아의 시가 더욱 절실한 정감으로 나아가기를 응원합니다.

상상인 시인선 021

나는 이제야 봄으로 물든다

초판 1쇄 발행 | 2022년 9월 29일

지 은 이 명인아

펴 낸 곳 도서출판 상상인
펴 낸 이 진혜진
북마스터 이성혁 신상조
표지디자인 최혜원

등록번호 제572-96-00959호
등록일자 2019년 6월 25일
주   소 06621 서울시 서초구 서초대로74길 29, 904호
전화번호 02-747-1367, 010-7371-1871
팩   스 02-747-1877
전자우편 ssaangin@hanmail.net

ISBN 979-11-91085-70-9 (03810)

값 10,000원

* 이 책은 전부 또는 일부 내용을 재사용하려면 반드시 저작권자와 도서출판 상상인의 동의를 받아야 합니다.

* 이 책은 교보문고와 연계하여 전자책으로도 발간되었습니다.